Gudrun Grün   Corinna Kastl-Breitner   Carolin S

Liebe Leserin,
lieber Leser!

In diesem Buch kommen Taschenfans auf ihre Kosten. Frech und dekorativ, praktisch und dennoch peppig – so sehen die Modelle aus, die wir Ihnen hier vorstellen. Die meisten dieser kultigen Taschen lassen sich ganz schnell herstellen. Wenn Sie keine Nähmaschine besitzen, haben Sie viele andere Möglichkeiten, die Einzelteile zusammenzufügen: kleben, lochen, flechten oder mit Kabelbindern verbinden – das sind originelle Alternativen. Viel Aufwand ist gar nicht nötig: Die Taschen ziehen allein durch das außergewöhnliche Material die Blicke auf sich.

Stöbern Sie in Ihren Schränken! Sie haben sicher interessantes Material im Haus, aus dem Sie Ihre individuelle Tasche kreieren können. Und freuen Sie sich schon jetzt auf die Komplimente, die Sie für Ihr Designerstück bekommen werden!

Viel Spaß und gutes Gelingen wünschen

Inhaltsverzeichnis

- 4 Grundkurs Weben mit Scoubidoubändern
- 5 Grundkurs Henkeltasche mit Kartonboden
- 6 Süßes Innenleben

- 8 Blüten XXL
- 10 Einblick gestattet
- 12 Glänzende Aussichten
- 14 Ozeanische Gefühle

- 16 Coolness garantiert
- 18 Rutschgefahr ausgeschlossen
- 20 Out of the Blue
- 22 Garantiert wasserdicht

- 24 Im Streifenlook
- 26 Pop in Schwarzbunt
- 28 Farbenfrohes Flechtwerk
- 30 Die Sonne geht auf

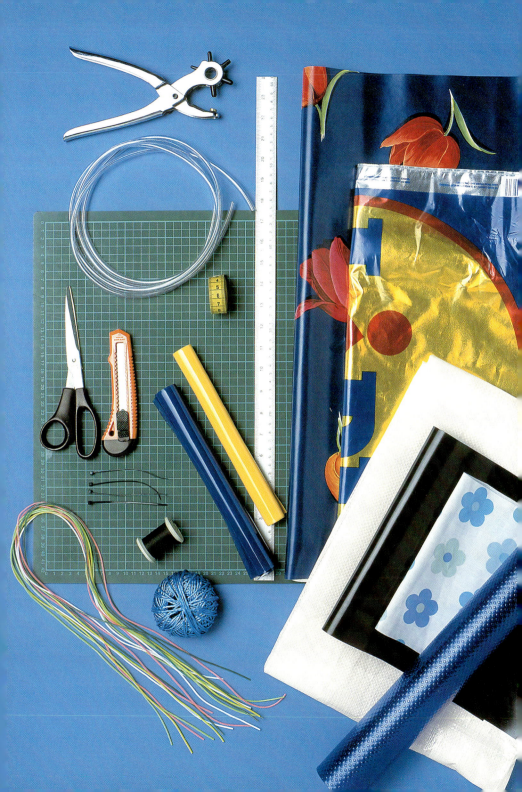

Grundkurs
Weben mit Scoubidoubändern

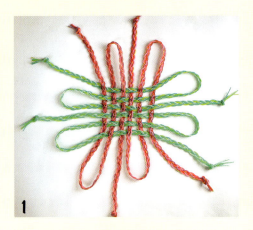

1. Vor dem Weben die Zöpfe flechten. Als Materialien eignen sich außer Scoubidoubändern (2 m lang) auch Nylonschnüre, Paketband und Wäscheleine sowie Gurtbänder, die nicht geflochten werden müssen. Die fertigen Zöpfe sollten 1 bis 2 cm breit sein. Die Tasche mit dem Taschenboden beginnen. Dafür zwei Zöpfe (rot), wie auf dem Foto zu sehen, in zwei langgezogenen Wellenlinien nebeneinander legen. Anschließend zwei weitere Zöpfe (grün) in waagerechter Richtung einweben. Danach die Zöpfe sehr nah aneinander schieben und so den Boden der Tasche bilden.

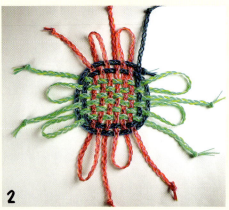

2. Nun den Boden in Runden umweben. Dabei den ersten Zopf (blau) zunächst parallel zum äußeren Zopf des Bodens senkrecht nach unten führen und anschließend kreisförmig um den Boden herumweben. Die Zöpfe immer sehr eng aneinander schieben. Die Flechtarbeit wird von nun an dreidimensional. Am Ende jedes Zopfes mit einem Gummiband den nächsten Zopf anbinden. Die beiden Knoten ins Innere der Tasche schieben und weiter geht's in Runden, bis die Schlaufen völlig ausgefüllt sind.

3. Die an der oberen Kante herausstehenden Zöpfe nun, jeweils um einen Zopf versetzt, wieder in die Tasche einweben (siehe blauen Zopf). Die Knoten nach innen schieben. Für die beiden Henkel zwei Zöpfe aus jeweils 15 Bändern flechten. Die Knoten der beiden Zöpfe durch die Tasche ziehen und die Zöpfe als Henkel befestigen. Die Knoten ganz nach Belieben nach innen oder nach außen zeigen lassen.

Grundkurs

Henkeltasche mit Kartonboden

1. Eine Supermarkt-Kühltasche nur an den Seiten aufschneiden. Mit der Hand oder der Nähmaschine nach Belieben mehrmals über die Taschenflächen steppen. Anschließend die Zwischenteile der Deckfolie herausschneiden, so dass die silberne Folie der Kühltasche zum Vorschein kommt. Einen 7 cm breiten Streifen auf einer aufgeschnittenen Seite für die Henkel abschneiden. Die Folie an der abgeschnittenen Seite 1 cm umschlagen und den Umschlag festnähen. Die Folie so um einen Karton legen, dass die linke Seite außen liegt und die offene Seite mit dem Umschlag nach unten zeigt. Die langen Kanten mit Stecknadeln zusammenstecken, die Folie vom Karton abziehen und zum Schlauch zusammennähen. Den Schlauch wenden und wieder mit der Öffnung nach unten über den Karton ziehen. Die Naht sollte seitlich liegen.

2. Den Boden der Tasche wie bei einem Paket falten (siehe Abb. 2).

3. Die Faltung mit Klebefilm oder Stecknadeln fixieren. Den Karton herausnehmen und den Boden an den gefalteten Kanten zusammennähen. Für die Henkel den zugeschnittenen Streifen halbieren. Die Streifen längs falten und der Länge nach zusammennähen. Anschließend an der Tasche festnähen. Ein Stück Karton in Größe des Taschenbodens mit einer beliebigen Folie (z. B. einer Plastiktüte) beziehen und mit doppelseitigem Klebeband in der Tasche befestigen.

Süßes Innenleben

Größe: ca. 30 cm breit, 20 cm hoch

1. Die Bonbonpapiere in die Laminattaschen legen und im Copy-Shop laminieren lassen.

2. Den Schnitt für Seitenteil und Trägerhälfte vom Vorlagenbogen auf Karton übertragen und ausschneiden. Mit Hilfe dieser Schablone den Schnitt für das Seitenteil zweimal auf einen Laminatbogen übertragen und ausschneiden. Die Schablone für die Trägerhälfte ebenfalls auf diesen Laminatbogen übertragen. An der gestrichelten Linie die Schablone gespiegelt anlegen, um die zweite Trägerhälfte zu übertragen. Den Träger ausschneiden.

3. Seitenteile und Träger mit etwas Abstand, wie auf dem Vorlagenbogen zu sehen, zwischen die gefaltete transparente Tischdeckenfolie legen. Mit Stecknadeln fixieren und die Folie entlang den Seitenkanten mit 1 cm Nahtzugabe ausschneiden.

4. Die von der Folie ummantelten Seitenteile und den Träger im Abstand von 1,5 cm rundum lochen. Dabei einen Abstand von 5 mm zum Rand einhalten. Aus dem Rest des ersten Laminatbogens die Taschenklappe in einer Größe von 30 x 13 cm ausschneiden. Dabei eine lange Kante, wie auf dem Foto zu sehen, leicht abrunden. Die Taschenklappe rundum lochen. Den zweiten Laminatbogen für den Taschenkörper an einer schmalen und an beiden langen Seiten im gleichen Abstand ebenfalls lochen.

5. Die Taschenklappe an die kurze gelochte Seite des Laminatbogens mit überwendlichen Stichen annähen und die vordere Kante umsticken.

6. Den Laminatbogen für den Taschenkörper zwischen die Seitenteile legen und mit überwendlichen Stichen Körper und Seitenteile verbinden. Dabei auch den Träger umsticken.

7. Für die Quaste einen 16 x 8 cm großen Kartonstreifen zum Quadrat falten. In die Falte ein 40 cm langes Stück Kunststoffband einlegen. Anschließend den Karton mit Kunststoffband siebenmal umwickeln. Den Karton entfernen, die Bänder mit dem eingelegten Band zusammenbinden und am anderen Ende aufschneiden. Die Bänder mit einem weiteren Stück Kunststoffband unterhalb der gebundenen Stelle umwickeln und gut verknoten.

8. Die Quaste an die Tasche nähen und innen einen kleinen Streifen selbstklebendes Klettband als Verschluss anbringen.

Material

- 2 Laminatfolientaschen, DIN A3
- Bonbonpapiere o. Ä.
- Transparente Tischdeckenfolie, 140 cm breit, 15 cm lang
- Kunststoffband in Blau, alternativ Geschenkband oder Edelbast
- Karton
- Transparent- oder Architektenpapier
- Bleistift
- Selbstklebendes Klettband
- Lochzange
- Stecknadeln
- Dicke Stopf- oder Sticknadel
- Schere

Vorlage 1 a–b, Bogen A

Blüten XXL

Größe: 60 cm breit, 76 cm hoch

1. Aus der Wachstuchtischdecke die Fläche für die Beutelseiten in einer Größe von 120 x 80 cm zuschneiden. Für den Boden einen Kreis mit einem Durchmesser von 38 cm zuschneiden.

2. Am oberen Ende die Tischdecke 7 cm breit einschlagen und den Umschlag mit Klebeband oder Stecknadeln fixieren. Mit großem Zickzackstich absteppen. Das Taschenteil seitlich zusammenstecken (linke Seite liegt außen) und mit der Nähmaschine zusammennähen.

3. An dem auf links gewendeten Schlauch den Boden mit Stecknadeln fixieren. Dabei zeigt die linke Bodenseite ebenfalls nach außen. Über die Kante das Schrägband legen und mit einnähen.

4. Die Tasche wenden und im gleichmäßigen Abstand an der oberen Kante mit dem Hammer acht Ösen einschlagen. Dabei einen Abstand von 2 cm vom Rand einhalten. Eine weitere Öse am unteren Ende der seitlichen Naht einschlagen.

5. Für die Zuziehhilfe ein 7 x 7 cm großes Stück Tischdeckenfolie ausschneiden. Die Enden so übereinander legen, dass ein kleiner Schlauch gebildet wird. Diesen mittig absteppen, damit zwei Führungen für das Perlonseil entstehen.

6. Das Perlonseil durch die Ösen an der Beutelöffnung ziehen und die beiden Enden durch beide Führungen der Zuziehhilfe fädeln. Ein Ende des Seils durch die untere Öse ziehen, das andere Ende in der gewünschten Länge abschneiden und beide Enden verknoten.

Tipp: *Für den Kreisboden den Deckel eines Einkochtopfes als Schablone benutzen.*

Material

- Wachstuchtischdecke, 1,40 m breit, 1,25 m lang
- Perlonseil, 2,50 m lang, Ø 8–10 mm
- 9 Ösen, Ø 14 mm
- Nähmaschinennadel, Stärke 100
- Farblich passendes Nähgarn
- Nähmaschine
- Stecknadeln
- Klebeband
- Schrägband
- Hammer
- Schere

Einblick gestattet

Größe: kleine Tasche 32 cm breit, 32 cm hoch; große Tasche 52 cm breit, 46 cm hoch

1. Für die kleine Tasche ein Rechteck in einer Größe von 35 x 68 cm zuschneiden. Für die große Tasche ein Rechteck mit einer Breite von 55 cm und einer Höhe von 96 cm zuschneiden. Zudem für beide Taschen jeweils zwei Streifen für die Träger von jeweils 6 cm Breite schneiden. Die Trägerstreifen für die kleine Tasche haben eine Länge von 1 m. Die Länge der Streifen für die Träger der großen Tasche beträgt 52 cm.

2. Das Rechteck für den Taschenkörper so zusammenklappen, dass die Seite, die später nach außen zeigen soll, innen liegt. Mit der Nähmaschine die beiden Seitennähte zusammennähen.

3. Danach die Ecken für den Boden der Tasche abnähen. Dafür die Seitennaht am rechten unteren Ende so auf die untere Kante (Bruch) der Tasche legen, dass untere und seitliche Kante eine Art Schnabel bilden. Einmal senkrecht über diese Ecke nähen. Die Länge der Naht, welche der Breite des Taschenbodens entspricht, sollte ca. 7 cm betragen. Auf der anderen Seite ebenso verfahren.

4. Anschließend die obere Kante der Tasche einmal umklappen und rundherum nähen. Den Taschenkörper wenden.

5. Jetzt nur noch die beiden Henkel aufnähen und fertig ist die Tasche. Damit die Henkel für die größere Einkaufstasche noch stabiler werden, empfiehlt es sich, die Plane doppelt zu nehmen.

Tipp: *Der Schnitt, der diesen Taschen zugrunde liegt, ist wirklich sehr einfach. Und wenn Sie Ihre erste Tasche fertig genäht haben, geht's bei der zweiten umso schneller. Wenn Sie also auf der Suche nach einem tollen Geschenk sind, dann nähen Sie im Handumdrehen eine weitere Tasche! Bei der Wahl des Materials haben Sie viele Möglichkeiten: Im Baumarkt lassen sich allerhand Plastikfolien und Gewebeplanen finden. Natürlich können Sie auch bedruckte Wachstücher oder einen Duschvorhang verarbeiten. Es lohnt sich also, nach Material zu stöbern und diesen Taschenschnitt in unterschiedlichen Variationen umzusetzen.*

Material

- *Plastikplane in Grün, 1 m breit, 40 cm lang (kleine Tasche) bzw. 60 cm lang (große Tasche)*
- *Nähmaschinennadel, Stärke 100*
- *Nähgarn in Grün*
- *Nähmaschine*
- *Schere*

Glänzende Aussichten

Größe: 28 cm breit, 19 cm hoch

1. Den Schnitt vom Vorlagenbogen vergrößern, auf Karton übertragen und ausschneiden. Mit Hilfe dieser Karton-Schablone den Schnitt auf die Rückseite der roten Lackfolie zweimal übertragen und ohne Nahtzugabe zuschneiden.

2. Die auf dem Schnitt eingezeichneten Applikationen auf die blaue und gelbe Lackfolie übertragen und ohne Zugaben ausschneiden. Zudem einen Streifen mit einer Größe von 7 x 90 cm für die Seitenteile und den Henkel aus gelber und blauer Lackfolie jeweils einmal zuschneiden.

3. Die Applikationen mit möglichst kleinen, gleichmäßigen Steppstichen, wie auf der Vorlage angegeben, auf ein rotes Lackfolienteil aufnähen.

4. Einen Kartonstreifen mit einer Größe von 7 x 27 cm für den Boden zuschneiden. Diesen Streifen, wie auf der Vorlage angegeben, mit doppelseitigem Klebeband auf die linke Seite des ersten roten Lackfolienteils kleben. Auf die Oberseite des Kartons ein Stück doppelseitiges Klebeband auflegen und das zweite rote Folienteil passgenau auf das erste Teil kleben.

5. Vor dem Zusammennähen die beiden roten Teile und die beiden Teile für Seiteneinsatz und Henkel anstelle von Stecknadeln mit Klebefilm fixieren. Nun auf einer Seite das Seitenteil einpassen, ebenfalls mit Klebefilm fixieren und mit kleinen Steppstichen festnähen. Auf der gegenüberliegenden Seite ebenso verfahren. Anschließend ebenfalls mit Steppstichen über die obere Kante am Tascheneingriff, die Taschenklappe und den Henkel nähen. Den Klebefilm wieder entfernen.

6. Als Verschluss ein kleines Stück selbstklebendes Klettband ankleben.

Material

- Lacktischdeckenfolie in Rot, Gelb und Blau, 1,40 m breit, je 30 cm lang
- Karton
- Transparent- oder Architektenpapier
- Bleistift
- Nähgarn in Dunkelblau
- Nähnadel
- Schere
- Kugelschreiber
- Klebefilm
- Doppelseitiges Klebeband
- Selbstklebendes Klettband

Vorlage 2, Bogen A

Ozeanische Gefühle

Größe: 43 cm breit, 29 cm hoch

1. Zwei der Tischsets bilden die großen Seitenflächen der Tasche. Aus dem dritten Tischset den Boden zuschneiden. Dafür einen 10 cm breiten Streifen von der Längsseite des Sets abschneiden. Die Ecken mit einer Schere etwas abrunden.

2. Aus dem vierten Set die Seitenstreifen zuschneiden. Hierfür zwei Streifen von jeweils 10 cm Breite von der schmaleren Kante des Sets abschneiden. Dabei einen schönen Motivausschnitt aussuchen. Die Ecken ebenfalls etwas abrunden.

3. Nun beide Seitenteile und den Boden lochen. Dabei darauf achten, dass sich die Löcher an den Kanten, die später zusammengeheftet werden, jeweils auf gleicher Höhe befinden. Das gelingt am besten, wenn immer in der gleichen Richtung gelocht wird, also beispielsweise von oben nach unten. Nach der ersten Lochung den Locher so weit nach unten schieben, bis das erste Loch am Mittelpfeil des Lochers erscheint. Jetzt erneut lochen. So verfahren, bis die ganze Seite gelocht ist. Den Boden an allen vier Kanten lochen. Alle anderen Teile nur an drei Kanten lochen. Die Kante, die später nach oben zeigt, erhält keine Lochung.

4. Jetzt die einzelnen Teile mit den Scoubidoubändern zusammenfügen. Dafür die Kanten der Teile, die verbunden werden sollen, zusammenlegen. Das Band durch die obersten Löcher ziehen und wie beim Schuhebinden an der Innenseite kreuzen. Ist ein Band zu Ende, das nächste auf der Innenseite anknoten.

5. Für die Tragegriffe mit dem Hammer an jeder Taschenseite zwei Ösen einschlagen. Der Abstand der Ösen von der Mitte sollte ca. 8 cm betragen; der Abstand der Ösen voneinander beträgt ca. 16 cm.

6. 14 Scoubidoubänder durch die erste Öse ziehen und innen verknoten. Vier Bänder bilden den Kern des Griffs. Die restlichen Bänder teilen und jeweils fünf Bänder in entgegengesetzter Richtung um den Kern wickeln. Hat der Griff eine Länge von ca. 28 cm, alle Bänder durch die zweite Öse ziehen und ebenfalls auf der Innenseite verknoten. Überstehende Bänder mit der Schere abschneiden. Den zweiten Griff auf die gleiche Weise herstellen.

Material

- *4 Tischsets mit 3-D-Motiv „Aquarium"*
- *4 Ösen aus Messing, Ø 14 mm*
- *36 Scoubidoubänder, 80 cm lang*
- *Locher*
- *Hammer*
- *Schere*

Coolness garantiert

Größe: 25 cm breit, 33 cm hoch

1. Eine Supermarkt-Kühltasche nur an den Seiten aufschneiden. Mit der Hand oder der Nähmaschine (Stichlänge 4) nach Belieben mehrmals über die Taschenflächen steppen. Anschließend die Zwischenteile der Deckfolie herausschneiden, so dass die silberne Folie der Kühltasche zum Vorschein kommt.

2. Einen 7 cm breiten Streifen auf einer aufgeschnittenen Seite für die Henkel abschneiden. Die Folie an der abgeschnittenen Seite 1 cm umschlagen und den Umschlag festnähen. So erhält man einen schönen Abschluss an der Taschenöffnung.

3. Die Folie so um den Karton legen, dass die linke Seite außen liegt und die offene Seite mit dem Umschlag nach unten zeigt. Die langen Kanten mit Stecknadeln zusammenstecken, die Folie vom Karton abziehen und zum Schlauch zusammennähen.

4. Den Schlauch wenden und wieder mit der Öffnung nach unten über den Karton ziehen. Die Naht sollte seitlich liegen.

Den Boden der Tasche wie bei einem Paket falten und die Faltung mit Klebefilm oder Stecknadeln fixieren (siehe auch Seite 5, Abb. 1–3).

5. Den Karton herausnehmen und den Boden an den gefalteten Kanten zusammennähen.

6. Für die Henkel den zugeschnittenen Streifen halbieren. Die Streifen längs falten und der Länge nach zusammennähen. Jetzt an der Tasche festnähen.

7. Ein Stück Karton in der Größe des Taschenbodens mit einer beliebigen Folie (z. B. einer Plastiktüte) beziehen und mit doppelseitigem Klebeband in der Tasche befestigen.

Tipp: *Besonders gut wirkt es, wenn auch die vier Taschenkanten an den Längsseiten abgesteppt werden.*

Material

- *Supermarkt-Kühltasche*
- *Plastiktüte*
- *Schuhkarton o. Ä.,*
  maximal ca. 15 x 25 x 30 cm
- *Karton in der Größe des Taschenbodens,*
  ca. 15 x 25 cm
- *Doppelseitiges Klebeband*

- *Nähgarn in Schwarz*
- *Nähmaschinennadel, Stärke 100*
- *Nähmaschine*
- *Nähnadel*
- *Stecknadeln*
- *Klebefilm*
- *Schere*

Rutschgefahr ausgeschlossen

Größe: 30 cm breit, 32 cm hoch

1. Die Antirutschmatte so zusammenklappen, dass die schönere Seite nach außen zeigt. Jetzt die beiden Seitennähte mit den Scoubidoubändern zusammennähen. Hierfür an der oberen Kante beginnen und mit zwei Bändern arbeiten, die sich jeweils auf der Innenseite kreuzen. Die Stichlänge sollte ca. 1,5 cm betragen.

2. Am unteren Kantenende die Bänder im Innern der Tasche verknoten. Geht ein Band zu Ende, einfach auf der Innenseite der Tasche ein neues anknoten.

3. Für die Kordel vier lange oder acht kurze Bänder verwenden. Die kurzen Scoubidous einfach alle bündeln und an einem Ende zusammenknoten. Das Bündel teilen, so dass der Knoten genau in der Mitte liegt. Werden vier lange Bänder verwendet, entfällt dieser Arbeitsschritt natürlich.

4. Die Bänder an einem Ende beispielsweise mit einer Wäscheklammer an einer Tür- oder Fensterklinke befestigen. Jetzt weit zurücktreten, so dass der Strang straff gespannt ist, und das Ende so lange in eine Richtung drehen, bis die Bänder stark verdreht sind.

5. Diese Kordel in der Mitte zusammenlegen – der Knoten der kurzen Scoubidous befindet sich jetzt wieder am Ende – und an der anderen Seite verknoten. Die Kordel verdrillt sich nun von alleine in entgegengesetzter Richtung. Je einen Knoten an jeder Seite der Tasche mit einem Scoubidourest festnähen.

Tipp: *Im Baumarkt sind diese Antirutschmatten in den unterschiedlichsten Farben und auch mit Motiven zu finden. Der Fantasie sind also kaum Grenzen gesetzt. Soll eine Tasche mit Motiven genäht werden, ist Folgendes zu beachten: Damit auf einer Taschenseite das Motiv nicht auf dem Kopf steht, zwei gleich große Taschenteile zuschneiden und so aufeinander legen, dass die Motive auf beiden Seiten korrekt ausgerichtet sind. Die untere Kante der Tasche mit Scoubidoubändern zusammenheften.*

Material

- *Antirutschmatte in Rot, 64 cm breit, 30 cm lang*
- *6 Scoubidoubänder in Schwarz mit Glitter, 2 m lang oder*
- *12 Scoubidoubänder in Schwarz mit Glitter, 80 cm lang*
- *Wäscheklammer*

Out of the Blue

Größe: 35 cm breit, 20 cm hoch

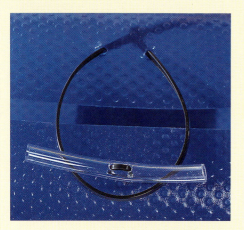

1. Für den Taschenkörper ein Rechteck von 41 x 35 cm aus der Küchenschrankfolie zuschneiden. Die Schnittvorlage für das Seitenteil vom Vorlagenbogen auf Karton übertragen und ausschneiden. Mit Hilfe dieser Schablone die Vorlage zweimal auf die Folie übertragen und ausschneiden.

2. Für den Henkelschlauch mit einem Cutter im Abstand von 10 cm von beiden Seitenkanten und 3,5 cm sowie 10,5 cm von der oberen Kante jeweils einen Schnitt von 2,5 cm Länge machen.

3. Mit der Lochzange am Taschenkörper im Abstand von 1,5 cm und 1 cm vom Rand entfernt zunächst fünf Löcher lochen. Entsprechende Löcher am Seitenteil lochen und sofort Seitenteil und Taschenkörper mit Kabelbindern verbinden. Diese jedoch noch nicht fest anziehen.

4. So fortfahren, bis das Seitenteil gut im Taschenkörper sitzt. Auf der anderen Seite ebenso verfahren. Jetzt die Kabelbinder festziehen und die überstehenden Stränge der Binder mit einem Seitenschneider abzwicken.

5. Für den Henkel den Schlauch zunächst auf der linken Seite durch die beiden Schnitte führen. Das andere Ende des Schlauchs durch die Schnitte auf der rechten Seite fädeln. Dieses Schlauchende unter der Tasche hindurchführen und auf der anderen Seite von unten durch die Schnitte ein- und ausführen.

6. Den zweiten Henkel bilden und den Schlauch auf der anderen Seite durch die Schnitte nach unten zum Anfang führen. Die Enden des Schlauches zusammennähen oder -kleben.

7. Für den Verschluss eine Seite der Taschenöffnung in der Mitte im Abstand von 3,5 cm vom oberen Rand zweimal lochen und den langen Kabelbinder hindurchführen. Den Kabelbinder nicht fest anziehen, sondern so schließen, dass eine große Schlaufe gebildet wird (siehe Detailbild).

8. Auf der gegenüberliegenden Seite ein 8 cm langes Stück Kunststoffschlauch als Schließe anbringen. Hierfür mit der Lochzange in der Mitte des Schlauchstücks zwei Löcher arbeiten und das Schlauchstück mit einem kleinen Kabelbinder an der Tasche befestigen.

Material

- Rolle Küchenschrankfolie in Blau
  (z. B. von Ikea)
- Kurze Kabelbinder
- Langer Kabelbinder
- Kunststoffschlauch, 175 cm lang
- Karton
- Lochzange
- Cutter
- Seitenschneider
- Transparent- oder Architektenpapier
- Bleistift
- Schere

Vorlage 3, Bogen A

Garantiert wasserdicht

Größe: blaue Tasche 20 cm breit, 29 cm hoch; rote Tasche 17 cm breit, 16 cm hoch

1. Zunächst den Verschluss der Wärmflasche vorsichtig herausschneiden. Dabei darauf achten, dass eine schöne obere Kante entsteht. Anschließend jeweils seitlich unterhalb der oberen Kante (ca. 1 cm vom Rand entfernt) zwei Löcher durch das Gummi stechen. Die obere Öffnung bis kurz vor diese Trägermarkierungen erweitern.

2. Nun drei blaue Nylonschnüre von ca. 1,60 m Länge bzw. drei rote Scoubidoubänder mit einer Häkelnadel ins Tascheninnere ziehen und dort verknoten.

3. Für die blaue Wärmflasche aus dem Wachstuch ca. 25 Blumen ausschneiden. Die Blumen in der Mitte einschneiden (Schnittlänge ca. 2 mm). Anschließend eine der drei Nylonschnüre durch eine Blume ziehen. Einen Zopf flechten und jeweils nach ca. 5 bis 10 cm die nächste Blume einarbeiten. Hat der Träger die gewünschte Länge erreicht, eine letzte Blume aufziehen, bevor die Nylonschnüre auf der anderen Seite ins Innere der Tasche gezogen werden. Die Schnüre innen verknoten.

4. Nun die restlichen Blumen an der Tasche befestigen. Dafür eine Rundkopfklammer durch den Schlitz in der Mitte jeder Blume stecken. In die Wärmflasche an den gewünschten Stellen je ein kleines Loch stechen. Die Klammern mit den Blumen durch die Löcher stecken und im Tascheninnern die Klammerbügel auseinander biegen. Um die Bügel zu sichern, etwas Klebeband von innen gegenkleben.

5. Für den Träger der roten Tasche aus den drei Bändern einen Zopf flechten und die Bänder auf der anderen Seite in die Tasche ziehen und verknoten.

6. Für den Verschluss-Riegel einen Zopf von ca. 20 cm Länge flechten und an beiden Enden verknoten. An der Rückseite der Tasche ein Loch bohren und den Zopf mit Hilfe einer Häkelnadel von innen nach außen ziehen.

7. Zum Anbringen der Glasperle ein Scoubidouband (ca. 20 cm lang) durch die Perle ziehen. In der Mitte der Taschenvorderseite zwei kleine Löcher bohren, die Enden des Scoubidoubandes nach innen ziehen und dort verknoten.

Material

Blaue Tasche
- *Wärmflasche in Blau*
- *Nylonschnur in Blau*
- *Wachstuch mit Blumenmuster*
- *Rundkopfklammern in Silber*
- *Gewebeklebeband*
- *Häkelnadel und spitze Schere*

Rote Tasche
- *Wärmflasche in Herzform in Rot*
- *6 Scoubidoubänder in Rot-Transparent mit Glitter, 80 cm lang*
- *Große Glasperle in Rot*
- *Häkelnadel und spitze Schere*

Im Streifenlook

Größe: kleine Tasche 38 cm breit, 38 cm hoch; große Tasche 77 cm breit, 62 cm hoch

1. Für die kleine Tasche ein Rechteck von ca. 40 cm Breite und ca. 76 cm Länge aus Markisenstoff zuschneiden. Dieses Rechteck so zusammenklappen, dass die Seite, die später nach außen zeigen soll, innen liegt. Mit der Nähmaschine die beiden Seitennähte zusammennähen.

2. Nun die Ecken für den Boden der Tasche abnähen. Dafür die Seitennaht am rechten unteren Ende so auf die untere Kante (Bruch) der Tasche legen, dass untere und seitliche Kante eine Art Schnabel bilden. Einmal senkrecht über diese Ecke nähen. Die Länge der Naht, welche der Breite des Taschenbodens entspricht, sollte ca. 7 cm betragen. Auf der anderen Seite ebenso verfahren. Falls nötig, die obere Kante der Tasche einmal umklappen und rundherum nähen. Den Taschenkörper wenden.

3. Für die große Tasche zwei Rechtecke in einer Größe von 80 x 65 cm zuschneiden. Anschließend für die Seitenteile zwei Streifen von 12 x 65 cm sowie für den Boden einen Streifen von 12 x 80 cm zuschneiden. Darin ist eine Nahtzugabe von 1,5 cm enthalten. An der oberen Kante eine Zugabe von 2,5 cm berücksichtigen.

4. Beide Seitenstreifen an den Bodenstreifen nähen. Den so entstandenen langen Streifen an das erste Taschenrechteck nähen. Dabei darauf achten, dass die Naht zwischen Seiten- und Bodenstreifen genau auf die Ecke des Rechtecks trifft. Mit dem zweiten Rechteck ebenso verfahren. Anschließend entlang der gesamten oberen Kante einen Umschlag von 2,5 cm Breite arbeiten.

5. Auf beide Taschen das Gurtband ungefähr in der Mitte jeder Rechteckhälfte mit der Nähmaschine aufnähen. Für den ersten Träger am besten im Bereich des Bodens beginnen. Von dort läuft das Band gerade nach oben bis zur Kante und dann auf derselben Taschenseite im Abstand von ca. 16 cm wieder hinunter. Anschließend das Band auf der anderen Seite der Tasche wieder nach oben führen und für den zweiten Träger ebenso verfahren wie beim ersten. Darauf achten, dass beide Träger die gleiche Länge erhalten. Im Bodenbereich treffen Anfang und Ende des Bandes wieder aufeinander.

Material

- Gestreifter Balkonmarkisenstoff, 76 cm breit, 40 cm lang (kleine Tasche) bzw. 160 cm lang (große Tasche)
- Gurtband, 2,5 cm breit, 3 m lang (kleine Tasche) bzw. 6 cm breit, 4 m lang (große Tasche)
- Nähmaschinennadel, Stärke 100
- Farblich passendes Nähgarn
- Nähmaschine
- Schere

Pop in Schwarzbunt

Größe: 31 cm breit, 40 cm hoch

1. Die Vorlagen vom Vorlagenbogen auf Karton übertragen und ausschneiden. Mit Hilfe der Karton-Schablone den Schnitt für Vorder- und Rückenteil zweimal auf die weiße Abdeckplane übertragen und mit einer Nahtzugabe von 1,5 cm zuschneiden. Die Klappe nur einmal zuschneiden. Für das Seitenteil einen 10 cm breiten Streifen mit einer Länge von 1,15 m zuschneiden.

2. Die Kuhflecken aus schwarzem Filz ausschneiden, doppelseitiges Klebeband auf die Flecken kleben und auf die zugeschnittene Abdeckplane aufkleben. Alternativ können die Flecken auch aufgenäht werden. Mit Hilfe der Karton-Schablone aus rotem Filz die Zunge ausschneiden.

3. Für den Schwanz aus einem 30 cm langen und ca. 5 cm breiten schwarzen Filzstreifen eine Rolle wickeln und mit Stecknadeln fixieren. Die Rolle von oben nach unten zusammennähen. Dabei am oberen Ende erst im Abstand von 1,5 cm vom Rand beginnen und am unteren Ende ca. 5 cm für die Schwanzquaste frei lassen. Dort mit der Schere den Filz mehrfach einschneiden, um die Quaste zu bilden.

4. Für den Träger aus dem genähten Ösenrand der Plane einen Streifen in der gewünschten Länge zuschneiden. An einem Ende des Streifens sollte sich eine Öse befinden, die später zur Befestigung der Kuhglocke benötigt wird.

5. Das Seitenteil an das Vorderteil annähen. Hierfür an der Markierung A beginnen und bei B enden. An den Kurven die Nahtzugabe einschneiden und an den Markierungen Z die Zunge mit einnähen. Das Rückenteil genauso arbeiten und an der Markierung S den Schwanz mit einnähen.

6. Die Taschenklappe so ansetzen, dass die beiden Markierungen M übereinander liegen, mit Stecknadeln fixieren und die Klappe annähen.

7. Zum Schluss den Träger annähen. Dabei die Seite mit der Öse überstehen lassen, den Schlüsselring durch die Öse ziehen und die Kuhglocke befestigen.

Material

- Abdeckplane in Weiß
- Bastelfilz in Schwarz und Rot
- Kleine Kuhglocke
- Doppelseitiges Klebeband
- Schlüsselring, Ø 30 mm
- Nähnadel
- Nähgarn in Weiß
- Stecknadeln
- Transparent- oder Architektenpapier
- Bleistift
- Karton
- Schere

Vorlage 4 a–c

Farbenfrohes Flechtwerk

Größe: 32 cm breit, 20 cm hoch

1. Aus jeweils neun Scoubidoubändern einen Zopf flechten, d. h. jeder Strang des Zopfes besteht aus drei Bändern. Beim Flechten darauf achten, dass die Bänder glatt nebeneinander liegen, damit der Zopf schön flach wird.

2. Für den Boden der Tasche zwei Zöpfe in zwei langgezogenen Wellenlinien nebeneinander legen. Anschließend zwei weitere Zöpfe in waagerechter Richtung einweben (siehe Abb. 1, Seite 4). Danach die Zöpfe sehr nah aneinander schieben und so den Boden der Tasche bilden.

3. Nun den Boden in Runden umweben. Dabei die Zöpfe immer sehr eng aneinander schieben (siehe Abb. 2, Seite 4). Die Flechtarbeit wird so dreidimensional. Am Ende jedes Zopfes mit einem Gummiband den nächsten Zopf anbinden. Die beiden Knoten ins Innere der Tasche schieben und weiter geht's in Runden, bis die Schlaufen völlig ausgefüllt sind.

4. Die an der oberen Kante herausstehenden Zöpfe nun, jeweils um einen Zopf versetzt, wieder in die Tasche einweben (siehe Abb. 3, Seite 4). Die Knoten nach innen schieben.

5. Für die beiden Henkel zwei Zöpfe aus jeweils 15 kurzen Bändern flechten. Die Knoten der beiden Zöpfe durch die Tasche ziehen und die Zöpfe als Henkel befestigen. Die Knoten ganz nach Belieben nach innen oder außen zeigen lassen.

6. Alternativ kann man auch einen Zopf aus 15 langen Bändern flechten. Dieser läuft dann unten um den Taschenboden herum auf die andere Seite der Tasche und wird befestigt, indem er auf beiden Seiten im Abstand von ca. 6 cm durch einen Zopf der Tasche gezogen wird. Die beiden Knoten mit einem Gummiband im Innern der Tasche zusammenbinden.

Tipp: *Soll die komplette Tasche aus kurzen Scoubidoubändern hergestellt werden, die Zöpfe für den Taschenboden nicht in Wellen legen, sondern sechs rote und sechs grüne Zöpfe miteinander verweben (Materialbedarf inkl. Henkel: ca. 200 Scoubidoubänder).*

Material

- ca. 72 Scoubidoubänder, 2 m lang
- Für die Henkel wahlweise
  15 Scoubidoubänder, 2 m lang,
  oder 30 Scoubidoubänder, 80 cm lang
- Gummibänder
- Schere

Die Sonne geht auf

Größe: 30 cm breit, 15 cm hoch

1. Die Safttüten flach auf die Schneidematte legen, die oberen und seitlichen Ränder mit dem Cutter entfernen. Dabei nicht zuviel abschneiden. Vorder- und Rückseite auseinander klappen und Rückseite entfernen. Dabei an der Rundung des Bodens entlang schneiden.

2. Die Tüten reinigen und mit einem Küchentuch trockenreiben. Selbstklebende Klarsichtfolie mit der Klebefläche nach oben legen.

3. Die vorbereiteten Capri-Sonne-Tüten mit der Vorderseite nach unten auf die Klebefolie legen. Dabei Tüten in 4 Reihen auflegen:
1. Reihe: vertikal nebeneinander, sodass die Schrift auf der Klebefläche auf dem Kopf steht.
2. Reihe: 4 horizontal aufgelegte Tüten. Damit die Schrift später lesbar bleibt, die zwei Tüten in der Mitte mit der Bodenseite aneinander legen. Danach die nächste Tüte jeweils entsprechend anlegen. Diese sind später der Taschenboden und die Seitenteile der Tasche.
3. und 4. Reihe: jeweils 3 Tüten vertikal nebeneinander legen. Auch hier steht die Schrift auf dem Kopf. Dies wird die Rückseite sowie der Überschlag der Tasche.

4. Restliche Klebefolie ringsherum direkt an der Kante abschneiden. Die Vorderseite (Orange) und die Rückseite (Orange) mit Tacky Tape so von außen auf die Seitenteile (Kirsche) kleben, sodass die Seitenteile eine leicht konische Form erhalten.

5. Zusätzlich die Tasche von innen an den Knick- und Übergangsstellen mit Power Tape fixieren.

6. Für den Henkel 3 Kirschtüten wie zuvor beschrieben auf selbstklebende Folie kleben. Die überstehenden Ränder abschneiden. Den Henkel der Länge nach zweimal falten und mit Tacky Tape innen festkleben. Den Henkel mit Power Tape innen an den Seitenteilen festkleben.

7. Für den Verschluss auf dem unteren Teil der Taschen-Vorderseite jeweils in der Orangenmitte mit der Nadel ein Loch stechen. Für jedes Loch etwa 10 cm Gummifaden zuschneiden und eine orangefarbene Perle aufziehen. Beide Gummienden durch das Loch der größeren gelben Perle und das Loch in der Tasche ziehen und mehrfach verknoten. Reste abschneiden.

8. Ebenso auf dem oberen Teil der Vorderseite jeweils in der Orangenmitte ein Loch stechen. Für jedes Loch etwa 15 cm Gummifaden zuschneiden und von innen so durch das Loch ziehen, dass vorne eine Schlaufe entsteht. Die beiden Enden hinten mehrfach verknoten. Vor dem Verknoten prüfen, ob die Schlaufe die richtige Länge hat.

9. Die orangefarbene Perle auf die Schlaufe aufziehen und die Perle mit einem Knoten fixieren. Reste abschneiden.

Tipp: *Bei den Capri-Sonne-Tüten den Strohhalm nicht an der dafür vorgesehenen Stelle einstechen, sondern an der Unterseite der Tüte. Denn so bleiben sie ganz.*

Material

- 9 Capri-Sonne-Tüten „Orange"
- 7 Capri-Sonne-Tüten „Kirsche"
- Power Tape (von Henkel)
- selbstklebende Klarsichtfolie
- 6 kleine Plastikperlen in Orange, Ø 0,5 cm
- 3 größere Plastikperlen in Gelb, Ø 1 cm
- Gummifaden in Silber, 60 cm
- Tacky Tape, 20 cm (von KnorrPrandell)
- Schere, Cutter, Schneidematte
- Nadel

Impressum

Entwürfe und Realisation:
Corinna Kastl-Breitner (S. 8, 20, 26),
Gudrun Grün (S. 6, 12, 16),
Carolin Schwarberg (S. 10, 14, 18, 22, 24, 28),
Susanne Jaouadi (S. 30)
Lektorat: 360°/Eva Hauck, Berlin
Redaktion: Anke Sturm
Fotos: Hermann Mareth, außer:
Carolin Schwarberg (S. 4),
Uwe Stratmann (S. 15, 29),
Uzwei, Uwe Bick (S. 31)
Styling: Marliese Vogt, außer:
Uwe Stratmann (S. 15, 29),
Karin Schlag (S. 31)
Umschlaggestaltung: Ruth Jungbluth
Entwurf und Illustration „Klipp-Klapper":
Stefan Hagen
Layout und Produktion: buchkonzept@web.de
Druck und Verarbeitung: J. P. Himmer, Augsburg

ISBN 3-89858-706-1

© 2005 im OZ Verlag GmbH, Rheinfelden
Buchverlag OZ creativ, Freiburg

Die Texte und Bilder in diesem Buch sind urheberrechtlich geschützt. Eine gewerbliche Verwendung ohne Zustimmung des Verlages ist strafbar. Das gilt auch für eine Vervielfältigung bzw. Verbreitung über elektronische Medien.

Autorinnen und Verlag haben alle Angaben und Anleitungen mit größtmöglicher Sorgfalt zusammengestellt. Dennoch kann bei Fehlern keinerlei Haftung für direkte oder indirekte Folgen übernommen werden.

Danksagung

Die Autorinnen danken den Firmen Henkel, KnorrPrandell, Rayher Hobby und Prym Consumer für die freundliche Unterstützung.

Ein weiterer Dank geht von Carolin Schwarberg an Susanne Lafferthon für ihre Unterstützung bei diesem Projekt.

Creativ-Hotline
Wir sind für Sie da!

Brauchen Sie einen Ratschlag zum Thema Handarbeiten, Basteln oder Dekoration? Haben Sie Fragen zu einer Anleitung oder zu einer speziellen Creativtechnik? Unsere Fachberaterinnen helfen Ihnen gerne weiter:

**Montag bis Freitag
von 10.00 bis 16.00 Uhr
unter der Rufnummer:
07623 / 96 44 17**

Oder schicken Sie eine Postkarte an:
OZ Verlag GmbH, Leser-Service
Römerstraße 90, 79618 Rheinfelden